ESSAI

SUR LE PRINCIPE ET LE BUT

DE LA

JUSTICE CRIMINELLE

PAR

E. BERTRE

Aidez-vous les uns les autres.

ALENÇON

E. DE BROISE, Imprimeur & Lithographe,

PLACE D'ARMES

1871.

ESSAI

SUR LE PRINCIPE ET LE BUT

DE LA

JUSTICE CRIMINELLE

ESSAI

SUR LE PRINCIPE ET LE BUT

DE LA

JUSTICE CRIMINELLE

PAR

E. BERTRE

Aidez-vous les uns les autres.

ALENÇON

E. DE BROISE, Imprimeur & Lithographe,

PLACE D'ARMES

1871.

ESSAI

SUR LE PRINCIPE ET LE BUT

DE LA

JUSTICE CRIMINELLE

—

Aidez-vous les uns les autres.

La Justice criminelle est une des fonctions essentielles de la Société.

En quoi consiste cette fonction ?

Si l'on entre dans une Cour de Justice, on voit un homme, accusé d'un crime, amené devant des Juges représentant la Société ; des preuves de sa culpabilité sont produites contre lui et il est entendu dans ses explications ; les Juges le déclarent coupable et le condamnent à une peine.

D'où cette définition : la Justice criminelle, réduite à ses plus simples éléments, est l'acte par lequel la Société inflige une peine à un homme qui a commis une mauvaise action.

Je me propose de rechercher quelle est la nature de cet acte de la Société, ou plutôt quel en est le principe et quel en est le but.

Ce problème posé depuis des siècles, toujours nouveau, toujours plein d'actualité, est le sujet d'incessantes études : c'est que, quoiqu'on ait pu dire, il n'est ni de simple curiosité ni de pure théorie, sa solution importe à la pratique. Suivant le principe qu'on donne pour fondement à la justice criminelle et le but qu'on lui assigne, ses limites et son mode d'action sont tout autres.

L'acte constitutif de la Justice criminelle se passe entre un homme d'un côté et la Société de l'autre. Il est une manifestation spéciale de relations primordiales existant entre la Société et l'homme, relations parmi lesquelles doit nécessairement se trouver son principe. Ceci m'amène à étudier quels sont les rapports primitifs entre cette grande collectivité, qu'on appelle la Société, et l'homme qui en est l'unité. Or pour déterminer ce qu'est un rapport, il faut d'abord en connaître les deux termes : ici l'homme et la Société.

L'homme n'est-il qu'un assemblage de molécules, momentanément réunies par la vie dans le but de satisfaire des appétits, qui doivent à la mort se désagréger pour aller former d'autres corps? Si c'est là l'homme, la satisfaction de ses appétits est la loi de son être; il faut de toute nécessité qu'il les satisfasse; peu importent les moyens. Je sais qu'il courra le risque de rencontrer sur son chemin d'autres hommes qui voudront y mettre obstacle, parce que leur propre satisfaction s'en trouverait gênée; ce sera alors un combat entre eux, voilà tout. Dans ce système, le monde n'est qu'une arène de force et d'adresse, et la justice criminelle une des formes de la lutte. La force est le premier et le dernier mot de l'humanité. Le principe est trouvé, l'étude est faite. Qu'on ne parle ni du bien, ni du mal, ni du devoir, ni de la conscience, tous grands mots vides de sens! A cette idée le genre humain se révolte! l'homme est donc autre chose.

Je n'ai pas l'intention d'entrer dans de longues discussions philosophiques ; je vais me borner à dire comment je conçois l'homme et son rôle sur la terre, en m'en tenant à ce qui est strictement nécessaire à l'étude que je fais.

L'homme a été créé par Dieu. C'est une âme immortelle servie et asservie par des organes périssables dont l'ensemble se nomme le corps.

La vie lui a été donnée comme épreuve ; et l'épreuve consiste dans la pratique d'une loi imposée par Dieu. L'accomplissement des prescriptions de la loi morale c'est le bien, leur transgression c'est le mal.

L'homme a été créé homme et femme pour perpétuer sa race et peupler la terre. Il est soumis à la douleur, à la mort ; il faut qu'il gagne sa vie à la sueur de son visage.

Son intelligence est admirable : il veut tout connaître et tout approfondir. Il profite des travaux faits par les hommes qui l'ont précédé et il en entreprend de nouveaux dans son intérêt et dans celui des hommes avec lesquels il vit, et même pour l'utilité des générations futures.

Afin de pouvoir subir l'épreuve qui lui a été imposée, l'homme a été créé libre, raisonnable, sociable.

La liberté est une faculté par laquelle l'homme fait ce qu'il veut dans les limites de ce qu'il peut.

La raison est une faculté par laquelle l'homme voit et comprend les prescriptions de la loi divine.

La sociabilité est une faculté par laquelle l'homme est en relations avec ses semblables.

Les prescriptions de la loi morale s'appellent des devoirs ; il y en a de trois sortes :

Devoirs de l'homme envers Dieu ;

Devoirs de l'homme envers lui-même ;

Devoirs de l'homme envers les autres hommes.

La pratique de ces devoirs est la seule véritable affaire de l'homme sur la terre. S'il les accomplit, il fait bien, il mérite : il lui faut une récompense ; s'il les viole, il fait mal, il démérite : il lui faut une punition ; sans quoi, il serait indifférent pour lui de faire le bien ou de faire le mal, c'est-à-dire qu'il n'y aurait ni bien ni mal.

Lorsque l'homme a transgressé ou est sur le point de transgresser les prescriptions de la loi morale, un mouvement tout spontané, tout spécial de l'âme, l'avertit qu'il a mal fait ou qu'il va mal faire ; par cet effort suprême, elle cherche à le rappeler à la pratique du bien. C'est la conscience qui donne un avertissement ou apporte le remords.

La sociabilité établit entre les hommes des relations naturelles et nécessaires qui constituent un état général auquel on donne le nom de Société.

La Société embrasse l'universalité des hommes existant. L'Humanité comprend la totalité des hommes qui ont été, qui sont, qui seront, depuis le premier jusqu'au dernier.

La Société et l'Humanité s'imposent à l'homme. Il ne peut pas ne pas en être.

Quelles sont les relations premières et nécessaires des hommes, qui forment la base fondamentale de la Société et la maintiennent indissoluble en servant de rapports continuels entre elle et l'homme? C'est une question qu'il importe d'étudier et de résoudre, car là doit se trouver le principe de la Justice criminelle.

Ai-je besoin d'avertir que l'analyse bien incomplète de la genèse du genre humain, que je vais faire pour expliquer la Société, n'est, comme toutes les analyses, qu'une méthode?

L'homme est créé : il est.

S'il était sans sociabilité destiné à vivre seul, isolé de tout être semblable à lui, arrivant à la vie non pas par l'effet d'une loi providentielle, mais par une intervention chaque fois directe de la puissance créatrice, les prescriptions de la loi morale, seraient très-restreintes, ses devoirs seraient peu nombreux; ils se borneraient à ceux d'aimer et d'adorer Dieu son créateur, et d'en respecter l'œuvre dans sa propre personne.

Mais il est sociable; il faut qu'il vive au milieu de ses semblables; les devoirs qu'il aurait eus dans son isolement loin de diminuer augmentent en importance, car il a à les remplir non plus pour lui seul, mais dans l'intérêt et pour l'exemple des autres ; de plus il a envers eux une multitude d'autres devoirs.

Une compagne lui est donnée : le couple humain existe ; l'union conjugale, le mariage est.

Du fait seul de cette union résultent entre les époux des devoirs réciproques et corrélatifs. Parmi les premiers je distingue ceux de secours, d'assistance, d'aide et de protection, lesquels peuvent se réduire à deux, à ceux d'aide et de protection en prenant ces mots dans leur sens le plus étendu.

Un enfant naît du mariage : la famille est.

Dans ce nouvel état, nouveaux devoirs du père et de la mère à l'enfant et de l'enfant envers son père et sa mère, mais toujours les devoirs d'aide et de protection, plus impérieux pour les parents dans le jeune âge de l'enfant, pour celui-ci dans la vieillesse de ses parents.

Bientôt d'autres enfants naissent ; et alors entre les frères et sœurs les mêmes devoirs d'aide et de protection avec une réciprocité presque parfaite.

Les enfants étant devenus grands, de nouveaux couples s'unissent par le mariage : de là nouvelles familles avec les mêmes devoirs. Ces familles restent en communion de rapports avec le couple primitif dont elles ne sont que l'expansion, comme les branches et les rameaux le sont de l'arbre. Entre tous les membres de cette grande famille, il y a le lien des devoirs réciproques d'aide et de protection de chacun à chacun, de chacun à tous et de tous à chacun.

On conçoit que sans la mort, le genre humain aurait pu se multiplier ainsi indéfiniment jusqu'au peuplement complet de la terre, en vivant sous l'autorité du premier couple, générateur commun. Ce n'eût été qu'une famille. Mais la mort fait son office, le premier couple meurt. De ce changement résulte un nouvel état : La Société. Contenue en germe dans la famille primitive, la Société ne se manifeste avec évidence que par la mort.

Le premier homme et la première femme sont morts. Leur famille va-t-elle se diviser en autant de familles qu'il y a de couples principaux, pour vivre sans rapports entre elles? Non. En effet, qu'y a-t-il de changé? Si les devoirs, qui existaient du couple primitif à chacun de ses descendants et réciproquement, sont éteints, est-ce que les devoirs de tous ces descendants entre eux ne restent pas dans leur intégrité? Ils persisteront malgré les morts successives; bien plus, ils s'imposeront à chaque naissance. L'enfant en venant au monde arrive avec des devoirs. D'ailleurs, ce n'est pas seulement de la mère qui l'a conçu et du père qui l'a engendré, qu'il a reçu les bienfaits des devoirs d'aide et de protection avant sa naissance, mais encore de la Société tout entière dans la personne de ses parents et dans sa propre personnalité; la réciprocité va de soi: il a une dette à acquitter.

La nature de l'homme, l'unité de sa race constituent un état de solidarité physique et morale qui s'impose à tous les hommes. Tous vivent dans le premier couple. C'est pourquoi ils se doivent tous aide et protection. Ce lien des devoirs, dont ils ne peuvent se débarrasser est le principe même de la Société et de l'Humanité. Sans lui, que deviendraient ces indi-

vidus de tout âge, orphelins, vieillards, malheureux restés dans l'isolement par suite des
coups redoublés de la mort autour d'eux? Que
deviendraient tant de victimes de violations
de devoirs de toute sorte? Mais ils sont hommes, membres de la Société! la Société leur
doit aide et protection.

Qu'est-ce donc que la Société?

La Société est la communion de tous les
hommes existant. Fait divin, elle est tout-à-la-
fois pour l'homme le milieu où il doit prati-
quer les prescriptions de la loi morale et le
moyen qui lui en facilite l'accomplissement.

Voilà l'homme, voilà la Société. Leurs rapports primitifs sont les devoirs réciproques
d'aide et de protection.

Cette Société générale et universelle n'a
guère été qu'entrevue par les publicistes qui
se sont occupés de la Justice criminelle. Ceux
qui ont le plus haut proclamé qu'elle était un
fait providentiel, l'ont bien vite oubliée pour
ne plus voir que les nationalités, c'est-à-dire
des sociétés particulières, nées d'un contrat
formel ou tacite. Par suite ils sont tombés

dans les plus étranges erreurs et dans les plus inextricables confusions ; ils n'ont pu comprendre le fonctionnement de la Société universelle.

Plus loin j'essaierai d'expliquer comment il se produit et se manifeste ; pour le moment il suffit qu'on en admette la possibilité.

Au milieu de la Société on peut considérer l'homme sous divers aspects : comme individu, comme époux, comme membre d'une famille, comme membre de la Société. A ces différents états naturels correspondent des devoirs individuels, des devoirs d'époux, des devoirs de famille, des devoirs sociaux.

De plus, en exécution de contrats librement formés, ou comme conséquence de faits volontaires, l'homme peut avoir envers d'autres hommes des obligations particulières, et ces obligations, lorsqu'elles ne sont pas en opposition avec les prescriptions de la loi morale, constituent pour lui des devoirs sanctionnés par les préceptes généraux de cette loi ; car on est tenu de remplir les obligations légitimement contractées.

Enfin, par un contrat presque toujours tacite l'homme fait partie de groupes très-considérables, tels que la cité, la nation, etc. ; et comme membre de ces groupes, il a à remplir des devoirs de cité, de nation, que, par suite de confusions, on érige le plus souvent en devoirs sociaux.

On voit combien sont variés et nombreux les devoirs de l'homme. Tous doivent être accomplis ; l'impossibilité relève seule de leur accomplissement. Du reste, le plus mauvais calcul qu'on puisse faire, dans le but de les diminuer, est de les violer : toute violation les augmente et en crée de nouveaux. Lorsque l'impossibilité résulte du concours simultané de plusieurs devoirs entre eux, le devoir est de remplir le plus impérieux. Que l'homme se laisse guider par la raison et la conscience.

Si chacun, toujours, dans toutes les circonstances, faisait ce qu'il doit, le mal n'existerait pas. Mais loin de là, très-fréquemment l'homme viole ses devoirs, et en même temps il réclame avec la plus grande insistance ceux qui lui sont dus ou qu'il croit lui être dus par les autres hommes. Aussi, est-ce souvent un devoir pour ceux qui ne sont pas affectés directement par la violation d'intervenir, d'aider et de protéger les victimes ou autres personnes qui pourraient être atteintes et le violateur lui-même. Ce devoir, la Société est toujours prête à le remplir ; mais elle procède d'une manière différente suivant que la violation est celle d'un devoir individuel ou particulier, ou bien celle d'un devoir social.

Dans le premier cas, elle attend qu'on réclame son intervention, et, n'agissant que dans les limites de la réclamation, elle aide et protège par les moyens de la Justice civile.

Dans le second cas, elle agit d'elle-même aussitôt qu'elle a connaissance de la violation, et, alors, elle aide et protège tous et chacun par les moyens de la Justice criminelle.

Bien plus, elle n'attend pas que la violation soit commise pour exercer les devoirs d'aide et de protection, tant ils sont de son essence même. Dans le but de prévenir toute violation, elle les pratique par les moyens de l'Administration, sous les formes les plus variées.

La Justice civile, la Justice criminelle et l'Administration auraient donc le même principe et le même but, l'exercice par la Société des devoirs d'aide et de protection envers les hommes. Ces fonctions sociales ne différeraient que par les faits dont elles s'occupent et par leurs modes d'action.

Puisque la Justice criminelle n'agit qu'à la suite d'une mauvaise action pour infliger une peine au coupable, il importe de savoir ce qu'on doit entendre par mauvaise action. Evidemment, ici, ce n'est pas toute violation du devoir. Alors, quelles violations sont du ressort de la Justice criminelle ?

Mais auparavant, il me parait nécessaire de dire comment l'homme viole les commandements de la loi morale ; et aussi, de bien préciser le sens des mots : récompense, punition, peine.

La violation est commise parce que l'homme ne fait pas un usage simultané de ses facultés, surtout de sa raison qui est la régulatrice des autres.

Lorsqu'il n'use pas de sa raison,

Il use mal, ou abuse de sa liberté,

Il n'use pas, use mal, ou abuse de sa sociabilité.

Les violations peuvent être commises de trois manières :

Par pensées ;

Par omission ;

Par actions, — y compris paroles, gestes, — ou autrement par commission.

J'entends par récompenses et par punitions la conséquence nécessaire, la rémunération absolue du bien et du mal.

Par qui peuvent être données les récompenses et les punitions?

Par Dieu, auteur de la loi morale, seul juge de son entier accomplissement ou du degré de sa transgression. Il récompense et punit quand et comment il convient à son infaillible justice.

Peuvent-elles être données par d'autres ?

Je n'hésite pas à répondre, non. Qu'on ne se figure pas cependant que la Société n'a qu'à s'abandonner à un laisser-faire général, sans s'inquiéter ni du bien, ni du mal. Qu'on ne croie pas surtout que je lui dénie le pouvoir légitime d'infliger une peine à l'homme qui a commis un crime. Non. Mais pour moi, on confond la récompense et la punition, rémunérations vraies du bien et du mal, avec toute autre chose, qu'on appelle aussi dans le langage ordinaire récompenses et punitions.

La punition et la peine diffèrent essentiellement; il est très-important d'en faire la distinction. C'est pourquoi je vais essayer de bien préciser, sur ce point, ma pensée.

Voilà un homme qui s'abstient de ce que défend la loi morale et qui pratique ce qu'elle commande ; la Société le récompense-t-elle? Non. En voilà un autre qui s'élève jusqu'à la vertu ; la Société ne le récompense pas davantage. Le plus souvent il n'est payé que par l'ingratitude des hommes. Il est vrai qu'il trouve en lui-même une récompense qui lui suffit, qu'on ne peut lui ravir, le contentement d'avoir fait le bien : elle vient de Dieu.

De même dans l'ordre physique , quand l'homme observe toutes les lois de son être, il a la santé ; elle ne vient pas des hommes.

2

Je sais bien qu'à l'occasion de certaines actions, les nations ou plutôt ceux en qui se personnifie l'État, distribuent avec éclat des faveurs, auxquelles ils donnent le nom de récompenses. D'abord il y aurait beaucoup à dire sur ces actions, au point de vue de la loi morale. On s'inquiète assez peu de savoir si elles sont bonnes, mais si elles sont utiles à l'État; et on songe moins à récompenser leurs auteurs qu'à exciter les autres hommes à en accomplir de pareilles. Avant tout, c'est un encouragement intéressé.

Un homme commet des excès; il viole les lois physiques de son être; il souffre, il ressent de la douleur; la douleur est-elle une punition? Sans doute par certaines circonstances, qui l'accompagnent, la douleur est quelquefois une punition, mais elle n'a pas nécessairement ce caractère. Qu'un homme se soit fait la blessure dont il souffre, en commettant un crime, ou en portant secours à un autre homme, la douleur est la même. En soi la douleur manque de la qualité qui fait la punition : elle est sans moralité. Elle n'est qu'un avertissement physique d'éviter la cause physique qui l'a

produite ; enfin, elle n'est pas une conséquence d'une nécessité absolue.

Au contraire, la punition est de toute nécessité, pour le coupable, la suite de la violation
de la loi morale. L'expiation seule peut l'en
exempter.

Qu'est-ce que l'expiation ?

L'expiation est l'effacement, l'anéantisse-
ment de la faute par le concours du repentir
et de la pénitence. Elle replace l'homme, qui
a failli, dans une innocence parfaite.

Pour lui, l'expiation est si désirable, si indispensable qu'il y est sollicité non-seulement par
la conscience, mais de toutes parts, physique-
ment et moralement, par les moyens les plus
divers, la douleur, la honte, le mépris, les
reproches, les peines, etc.,

J'appelle peine, en général, toute souffrance
infligée à l'homme pour le déterminer à
s'abstenir d'une action qu'il a commise.

Elle est physique ou morale, ou physique
et morale. Suivant son origine, on dit qu'elle
est providentielle, naturelle, humaine. Seules
les peines infligées par la Société sont du
domaine de la Justice criminelle.

En considérant la peine au point de vue moral, son but est le repentir et l'expiation.

Toutefois cet effet moral de la peine n'est pas le motif principal qui détermine la Société à l'infliger au criminel ; mais il est pris par elle en sérieuse considération. Que serait la Justice criminelle, si la Société ne se proposait pas de relever le coupable, de le ramener par le repentir à la pratique de la loi morale? La peine doit tendre à le moraliser ; elle doit être pour lui une aide. C'est ainsi qu'au moyen de la peine, la Société remplit vis-à-vis du criminel lui-même les devoirs d'aide et de protection quoique, avant tout dans l'acte de la Justice criminelle, elle songe à s'aider et à se protéger.

Maintenant je vais essayer de déterminer les violations de la loi morale qui constituent le domaine propre de la Justice criminelle.

Lorsque la violation d'un devoir est telle qu'elle ne porte aucune atteinte à la sociabilité des hommes entre eux, la Société ne peut avoir à s'en occuper. Commises en dehors d'elle, ces violations n'existent pas pour la Société. Comment dès lors pourrait-elle à leur occasion intervenir vis-à-vis de leur auteur par l'acte de la Justice criminelle? Ainsi se trouvent exclues du domaine de la Justice criminelle les violations des devoirs envers Dieu et envers soi-même. C'est pourquoi ne pas adorer Dieu, l'outrager dans son particulier, s'adonner à la paresse, à l'intempérance, se livrer à d'autres excès privés et personnels, sont des violations qui ne la regardent pas; ce sont des péchés qui ne relèvent que de Dieu et de la religion. A cela, il n'y aurait aucune difficulté si les violations de ces deux sortes de devoirs avaient toujours un caractère aussi tranché; mais il en est qui sont d'une nature complexe, mixte, et qui troublent la Société. Alors dans certains cas elle peut, elle doit s'en inquiéter et en demander compte au coupable, mais seulement dans les limites de l'atteinte portée par ces violations aux rapports sociaux des hommes entre eux, car le reste est le péché. Parmi ces violations, je citerai les outrages publics à la religion, aux mœurs, l'ivresse publique, le vagabondage, etc......

Les violations des devoirs envers les autres ont toujours, à des dégrés très-variables, les trois caractères. Cependant, relativement à leur grande quantité, il n'en est qu'un petit nombre qui soit du ressort de la Justice criminelle.

D'abord je ferai observer qu'il faut de toute nécessité que l'acte incriminé soit une violation des prescriptions de la loi morale, sans quoi, il ne serait que le légitime usage par l'homme de ses facultés, malgré la gêne, la contrariété ou le préjudice que pourraient en ressentir d'autres hommes. Il suffira pour montrer l'utilité de cette remarque de rappeler que des législations ont prononcé des peines atroces contre l'esclave qui tentait d'échapper par la fuite à la servitude. Combien d'autres exemples à citer !

Si maintenant on examine les violations suivant le mode par lequel elles sont commises, on a un nouveau moyen d'en éliminer un grand nombre du domaine de la Justice criminelle.

Une mauvaise pensée à l'égard des autres se

présente à l'esprit d'un homme ; s'il la repousse aussitôt, il est resté dans l'innocence. Si au contraire, il s'y arrête un instant, s'y complaît, mais que bientôt obéissant aux sollicitations de sa conscience, il la rejette loin de lui, sans doute il a mal fait ; sa faute est un péché.

Si, allant au-delà, il y persiste ; s'il recherche et combine les moyens de la mettre à exécution, il est plus coupable ; le danger peut devenir très-grand pour les autres, mais tant que ses mauvais desseins ne se traduisent pas par des actes extérieurs, la violation reste en dehors des rapports apparents des hommes ; elle n'est encore que le péché. Voilà pour les violations par pensées.

Qu'est-ce que les violations par omission ? J'appelle omission tout oubli, toute négligence, toute inertie volontaire ou involontaire, toute abstention même préméditée. L'omission est l'opposé de l'action. L'action consiste à faire, l'omission à ne pas faire, à laisser faire. Ainsi ne pas chercher à empêcher le mal qu'on voit commettre, ne pas porter secours à quelqu'un en dauger, alors qu'on le pourrait, sont des violations par omissions.

En général, ces violations sont des péchés ; elles n'affectent que d'une façon indirecte les rapports des hommes sans les troubler, même quand leur gravité morale est très-considérable. Cependant cette règle comporte de nombreuses exceptions ; et beaucoup de violations de cette nature, sont du ressort de la Justice criminelle.

Il est important de faire observer que la distinction ne résulte pas du plus ou du moins de grandeur de la violation morale ; il n'y a pas nécessairement proportionnalité entre la faute morale et la faute sociale.

Un homme voit tomber un enfant dans une flaque d'eau, il pourrait le sauver sans courir le moindre danger, il s'abstient et le laisse périr ; cet homme est le dernier des misérables, très-criminel au point de vue de la loi morale, il ne l'est pas au regard de la Société, tándis que la personne qui avait la garde de cet enfant et qui a négligé un moment de le surveiller est coupable d'homicide involontaire. La mère qui n'a pas pris les précautions nécessaires et laisse, faute de soins, mourir son enfant nouveau-né est coupable d'homicide par imprudence; et s'il était prouvé que ce fût avec la volonté bien arrêtée de le faire périr, elle serait coupable d'infanticide. Celle qui refuse méchamment à son fils devenu grand un secours qui lui conserverait la vie, est une mère dénaturée, mais elle n'est pas criminelle aux yeux de la Société. On citerait mille autres exemples.

D'où viennent ces différences?

De ce que certains devoirs sont exigibles, et que d'autres ne le sont pas.

Il est très-important de distinguer ces deux sortes de devoirs, car lorsqu'un devoir n'est pas exigible, sa violation commise par omission ou par commission, n'est qu'une faute morale : elle est un péché. Lorsqu'il est exigible, elle revêt un autre caractère, soit à l'égard de celui qui en souffre, soit vis-à-vis de la Société : elle peut être matière à action judiciaire, civile ou criminelle, être l'occasion de l'exercice d'un droit. Il faut toutefois dans l'impossibilité de les séparer par catégories bien distinctes , se contenter d'indications générales.

Un devoir non exigible est celui dont la violation résulte du mauvais usage que le violateur fait de sa liberté et de sa sociabilité, sans porter aucune atteinte directe à la liberté et à la sociabilité des autres. Dans le cas contraire, le devoir violé était un devoir exigible.

Le premier devoir de l'homme est de faire usage de ses facultés; dès lors, il doit s'efforcer de les maintenir dans leur intégralité. C'est donc un devoir pour lui de s'opposer au trouble qui pourrait y être apporté. Ce devoir, lorsque l'atteinte provient du fait des autres hommes, est le principe de ce qu'on appelle le Droit. On voit que le droit n'apparaît qu'après la manifestation de la violation.

Qu'est-ce que le Droit ?

Le Droit est le pouvoir légitime que l'homme a, d'exiger l'accomplissement du devoir qui lui est dû, si cela se peut encore, ou la cessation du trouble, ou la réparation des conséquences et des suites de la violation. Sous une forme concise, on peut dire : le Droit est l'exigibilité du devoir.

Le Droit n'est donc pas quelque chose d'abstrait, mais de réel, d'effectif.

Il n'y a pas de droits de l'homme à Dieu. L'homme n'a que des devoirs envers Dieu ; Dieu a plus que des droits sur l'homme, il a la toute-puissance.

Il ne peut y avoir de droits de l'homme aux choses, de l'homme aux animaux.

Le Droit n'existe que de l'homme à l'homme, aux hommes ; c'est une relation entre eux, et puisqu'il n'apparaît qu'après la violation, il n'est qu'un rapport secondaire, bien loin d'être absolu comme on le fait ordinairement.

Comment l'homme peut-il s'opposer et résister à la violation qui lui porte atteinte ? Comment peut-il réclamer l'exigibilité du devoir ?

Toutes les fois qu'il n'oppose à la violation qu'une résistance passive, il fait bien. Reconnaissons qu'elle réussit rarement. Si la résistance devient active elle n'est légitime qu'à la condition de se renfermer dans des limites telles qu'elle ne constitue pas elle-même une violation de la loi morale. La pente est glissante ; l'homme ne doit pas se faire justice à lui-même.

D'un autre côté, la réclamation adressée directement à l'auteur de la violation par celui qui en a souffert, ne sera, le plus souvent, pas écoutée ; selon toute probabilité ils en viendront à avoir recours à la force et la loi morale sera violée à nouveau. Mais qu'elle se produise par l'intermédiaire de la Société, il en sera alors autrement.

Enfin il est des violations qui troublent la Société tout entière, en ne s'adressant directement qu'à un ou plusieurs hommes ; d'autres qui, tout en s'adressant à un grand nombre d'hommes n'en atteignent aucun d'une manière spéciale et déterminée. Dans ces cas la Société exerce elle-même en son nom la réclamation de l'exigibilité.

L'exigibilité est individuelle, particulière, sociale, et correspond aux devoirs individuels particuliers, sociaux. La réclamation de l'exigibilité individuelle et particulière s'exerce devant la Justice civile ; celle de l'exigibilité sociale est du domaine de la Justice criminelle.

Les devoirs individuels sont tous ceux de l'individu à l'individu, dont la violation n'affecte que celui à qui ils sont dus sans troubler les autres hommes.

Les devoirs particuliers sont ceux des époux entre eux, ceux des membres de la famille, et dont la violation n'affecte pas les autres hommes.

Il faut y joindre ceux des membres des divers groupes entre eux.

Les devoirs sociaux sont ceux de l'homme à l'homme, aux hommes, qui sont dus à chacun et à tous, non à titre particulier, mais à la qualité d'homme, membre de la Société. Leur caractère est la généralité, et leur violation dans la personne d'un seul homme porte atteinte à chacun et à tous et trouble la Société tout entière. Enfin, le devoir est social toutes les fois que sa violation ne se réfléchit pas spécialement sur un groupe, mais sur la Société.

Le plus souvent les violations sont mixtes; alors le droit individuel ou particulier sera réclamé par les victimes, tandis que pour le droit social, la Société agira contre le coupable.

Je passe aux violations par actions.

L'homme quitte les spéculations de la pensée et entre dans la sphère de l'action ; il agit. Si le fait auquel il se livre est innocent en lui-même et n'a qu'une criminalité occasionnelle par suite de sa liaison avec la mauvaise pensée, ce n'est encore que le péché. Ainsi un homme a résolu de commettre un assassinat ; dans ce but, il achète un couteau ; son action est très-coupable moralement, mais elle ne cause aucun trouble aux relations ordinaires et apparentes des hommes ; elle ne tombe pas sous le coup de la Justice criminelle.

L'action devient plus caractéristique de la mauvaise pensée ; divers cas se présentent.

Un homme manifeste par paroles, gestes ou autrement de mauvais sentiments contre quelqu'un : par exemple, qu'il trouve cet individu déplaisant, qu'il le hait ; il manque ainsi à la sociabilité ; que peut faire celui qui est en butte à ces mauvais sentiments? Une seule chose : restreindre dans une certaine mesure la réciprocité de la sociabilité ; le devoir violé n'est pas exigible. Qu'il se plaigne aux autres, et chacun lui répondra : ou de ne pas se préoccuper de cela, ou tout au plus de laisser de côté cet homme insociable.

Le devoir violé est-il exigible ? C'est différent. Un homme ne remplit pas les obligations quelconques qu'il a envers un ou plusieurs, ou refuse de réparer autant que possible, le dommage causé par sa violation ; la victime se plaint aux autres hommes ? Chacun individuellement lui répondra : cela ne me regarde pas ; mais ajoutera aussitôt : contraignez celui qui est obligé envers vous à remplir son obligation ou à réparer le dommage. Cet homme était déjà tenté d'agir ; s'il cède au conseil, une lutte va s'établir. Mieux inspiré, il s'adresse à la Société qui tient à sa disposition la Justice civile ; l'affaire est examinée, jugée, et les magistrats donnent des moyens sociaux de contrainte à celui qui a droit contre celui qui doit. C'est ainsi que la Société accomplit les devoirs d'aide et de protection vis-à-vis de ceux entre qui s'élèvent la réclamation et la discussion.

Lorsque les devoirs particuliers d'époux et de famille, qui ont été violés, n'étaient pas exigibles, la Société n'a pas à s'occuper de leur violation. Si au contraire ils étaient exigibles, mais que la violation n'affecte que les relations des époux ou des membres de la famille entre eux, la réclamation de l'exigibilité est du ressort de la Justice civile : ainsi le refus du mari de recevoir chez lui sa femme, ou celui de la femme d'aller habiter avec son mari, le refus d'aliments des parents aux enfants et réciproquement, les questions d'état..., etc.

J'ai déjà dit que si la violation est individuelle ou particulière et en même temps sociale, elle est, quant à la partie sociale, du domaine de la justice criminelle. Toutefois il importe de faire remarquer que le caractère individuel ou particulier de ces violations mixtes modifie souvent la responsabilité sociale, tantôt pour l'augmenter, tantôt pour la diminuer, tantôt jusqu'à la faire disparaître. Ainsi le vol entre époux, entre ascendants et descendants n'engendre qu'une action civile ; les coups portés et les blessures faites par des enfants à leurs ascendants prennent une gra-

vité considérable ; l'injure et la diffamation ne
sont guère poursuivies devant la Justice criminelle que sur la plainte de l'individu outragé ;
l'adultère n'est poursuivi que sur la plainte de
l'époux, etc., etc.

Il y a lieu de faire des distinctions analo-
gues pour les violations des devoirs de groupes. Tantôt elles ne sont que particulières,
tantôt leur nature est mixte. En général on a
étendu hors de toute proportion la responsabilité criminelle qu'elles entraînent. Pour les
petits groupes nés du caprice ou de l'intérêt
momentané de quelques hommes, on s'est peu
trompé ; mais pour les groupes tels que la cité,
la nation, on est tombé dans les plus grandes
erreurs par suite de la confusion qu'on a faite
de ces groupes avec la Société.

Les violations sociales sont celles qui, tout
en étant individuelles ou particulières et en
s'adressant spécialement à certains hommes,
réagissent d'une manière générale sur les
autres ; et aussi celles qui, sans s'adresser à
tels ou tels hommes désignés, portent une
atteinte à la liberté et à la sociabilité de tous
et causent ainsi un trouble à la Société, qui,

dans ce cas, a le devoir de s'opposer à ce trouble et de le faire cesser ; car il empêcherait, chacun de ses membres d'exercer et de maintenir l'intégralité de ses facultés.

C'est pourquoi la Société intervient contre le violateur. Et cette fois elle n'attend pas pour agir à être sollicitée par la réclamation de ceux qui ont souffert de la violation ; il suffit qu'elle en ait connaissance. Le trouble est général : c'est un devoir pour elle de se protéger, d'aider et de protéger tous et chacun ; le moyen qu'elle emploie est l'acte de la Justice criminelle par lequel elle inflige une peine au coupable de la violation du devoir social.

Le principe de son action est donc l'exercice des devoirs d'aide et de protection envers tous et chacun ; le but qu'elle se propose est l'accomplissement des mêmes devoirs ; dès lors le principe et le but de la Justice criminelle sont identiques.

Les violations du devoir social, seule et pas d'autres, constituent le domaine vrai de la Justice criminelle. Elles se divisent en deux classes : les attentats contre les personnes, les atteintes à la propriété.

Le malfaiteur qui a commis un vol ou un meurtre n'a pas seulement attenté à la propriété de celui qu'il a dépouillé, à la vie de celui qu'il a tué, il a porté une atteinte à la propriété et à la vie de tous les hommes; son crime se réfléchit sur tous. Si devant de pareils faits, la Société restait indifférente, le monde ne serait qu'un théâtre de déprédations, de luttes, de carnages; la peur et la vengeance armeraient tous les bras. Mais elle est là, toujours prête à remplir sa mission, à accomplir les devoirs d'aide et de protection envers tous les hommes. Dans ces conjonctures elle n'a qu'un moyen : prendre des mesures directes contre le coupable; elle s'empare de cet homme et le livre aux magistrats de la Justice criminelle qui lui infligent une peine. C'est ainsi qu'elle aide et protège tous ses membres, sans excepter le violateur lui-même.

Quoi! dira-t-on, la Société aide et protège le violateur du devoir social, en le traduisant devant les tribunaux criminels et en le condamnant à une peine? Oui. En effet, aussitôt qu'un homme accusé d'un crime est arrêté,

sa personne devient en quelque sorte sacrée :
Il appartient à la Justice. Il ne peut être jugé
qu'avec certaines formes, condamné qu'à certaines peines. S'il le faut, la Société le proté-
gera jusqu'au dernier moment contre toute
vengeance. Enfin quelle qu'elle soit, la peine
est pour lui une aide, car en le forçant nécessairement à faire un retour sur lui-même, elle
tend à le ramener à la pratique de la loi
morale par le repentir et à le conduire vers
l'expiation.

Je me crois donc autorisé à conclure que la
Justice criminelle a pour principe fonda-
mental et pour but, l'accomplissement et
l'exercice par la Société des devoirs d'aide et
de protection envers tous et chacun, à l'occasion des violations sociales des prescriptions
de la loi morale.

On peut arriver à la même conclusion par
une autre méthode.

L'homme vit dans un milieu qu'il n'a pas
choisi, pour une fin qu'il ne fait qu'entre-
voir.

La vie lui a été donnée comme épreuve; donc elle est pour lui un devoir. De là la conséquence qu'il doit protéger sa vie. Isolé il serait promptement voué à la mort; aussi à chaque instant il a besoin de l'aide et de la protection de ses semblables. C'est pour cela que la Société est.

Quelle doit être la conduite de l'homme et celle de la Société dans les divers cas où sa vie est menacée ?

Un homme est attaqué par la maladie? Il doit se soigner, c'est-à-dire s'aider et se protéger. La Société doit le secourir, c'est-à-dire l'aider et le protéger; et par le même acte elle remplit ces devoirs à l'égard de tous. Cet homme meurt? La Société doit continuer à accomplir ces mêmes devoirs envers tous ses membres en prenant les mesures nécessitées par les circonstances.

La vie d'un homme est menacée par un danger matériel, un incendie, une inondation, etc.? Cet homme doit chercher tout à la fois à échapper au danger et à en garantir les autres, c'est-à-dire aider et protéger sa personne et celle des autres. La Société a les mêmes devoirs dans le présent et pour l'avenir. A cet effet, elle doit prendre les précautions utiles contre le retour de pareils dangers.

Un homme est attaqué par un animal? Il se défend et le tue. En agissant ainsi il s'aide et se protège et en même temps il aide et protège ceux qui pourraient être l'objet de semblables attaques. Il ne manque à aucun devoir : il n'en a pas envers l'animal. L'homme a-t-il été victime? ou l'animal est-il parvenu à s'échapper? La Société doit prendre des mesures pour aider et protéger chacun. On poursuivra l'animal et toute sa race si elle est d'un naturel méchant. Tout homme peut tuer l'animal féroce, dangereux, nuisible, alors qu'il est resté inoffensif; même il peut tuer par simple caprice la bête la plus douce. En cela il ne viole aucun devoir : il n'en a pas envers la brute.

On voit que, dans toutes ces circonstances, qui se présentent chaque jour, l'homme n'a qu'un devoir : s'aider et se protéger. Où donc irait-il chercher un prétendu *droit* absolu de vivre? Est-ce qu'il a des droits contre la maladie, contre les dangers matériels, contre les attaques des animaux? On voit aussi que la Société doit remplir les mêmes devoirs d'aide et de protection envers tous et chacun.

Un homme est attaqué par un autre homme, sa vie est menacée, que doit-il faire ? Que doit faire la Société?

Comme dans les cas précédents, il doit s'aider et se protéger afin de conserver la vie; c'est un devoir pour lui.

Mais pour cela peut-il aller jusqu'à donner la mort à son agresseur?

Cette question naît du concours de deux devoirs : celui de protéger sa vie et celui de ne pas porter atteinte à celle d'autrui. En morale pas de doute, pas la moindre hésitation; le précepte est absolu : « Tu ne tueras pas. » Le devoir le plus impérieux est de l'observer. Si on passe outre, la gravité de la faute morale est certainement très-atténuée, mais tout amoindrie qu'elle soit, il y a toujours une violation de la loi morale. Le mal ne peut légitimer le mal.

Du reste au point de vue social, la question n'a pas autant d'importance qu'on pourrait le croire, car les lois positives exemptent de toute responsabilité l'homme qui a donné la mort dans une si pressante extrémité. Au fond elles la résolvent comme la morale. Elles se bornent en général à déclarer qu'il n'y a ni crime ni délit, lorsque l'homicide était commandé par la nécessité actuelle et la légitime défense de soi-même ou d'autrui. Cette formule du législateur est remarquable. Celui qui se défend, le fait socialement à ses risques et périls. Tant pis pour lui s'il a agi avec trop de précipitation, sans courir un véritable danger ; la Société lui demandera compte de son action. Qu'il y a loin de là à proclamer qu'il a bien fait, que son action est bonne en elle-même ! C'est la négation du prétendu droit de défense.

Il en est de même pour le tiers dont la situation est cependant bien plus favorable, puisque désintéressé, il n'a pu avoir que l'intention de remplir un devoir social. Mais si de son autorité privée, sans nécessité, il s'est érigé en représentant de la Société, pour accomplir un acte qu'elle répudie, il est responsable. Quel argument contre l'innocence de l'acte !

Et si l'agresseur est le père! la question peut-elle même être posée? Le fils doit mourir en honorant celui qui le frappe!

Le malfaiteur a manqué le but de son attaque en tout ou partie ; l'homme attaqué est sain et sauf, ou n'a reçu que des blessures.

Ou bien il a réussi ; l'homme attaqué est tué.

En tout cas lui-même est vivant blessé ou non ; que va-t-il arriver ?

S'il le peut, l'homme qui a été attaqué va-t-il par force ou par ruse se venger de son agresseur ?

Toute vengeance est interdite par la loi morale ; et aussi par les lois positives. Alors la Société intervient : elle doit aide et protection à ce malheureux dont la vie a été attaquée et mise en péril ; il faut qu'elle s'efforce d'empêcher le malfaiteur de renouveler son attaque. Elle doit, de plus, protéger les autres hommes contre des actes si dangereux ; elle seule peut et doit le faire.

Si l'homme attaqué a perdu la vie, les devoirs de la Société deviennent plus pressants.

Elle sait de quoi l'agresseur est capable! il faut de toute nécessité qu'elle prenne des mesures afin de protéger tous les hommes contre lui; et en même temps elle doit le protéger contre les vengeances ou les représailles.

Quelles peuvent être ces mesures? Elles varient de nature suivant l'agresseur. Est-il un fou? un enfant? ou un homme jouissant de la plénitude de ses facultés intellectuelles?

S'il est un fou, l'action qu'il a commise n'est pas un crime : elle est un grand malheur que la Société déplore. Cet homme est un malade; elle le soignera. C'est ainsi qu'elle remplira envers lui et envers tous et chacun, les devoirs d'aide et de protection.

Est-il un enfant?

Si à cause de son jeune âge, il n'a pas encore l'usage de la raison, son action est un malheur. La Société n'a pas de mesures à prendre contre lui. Elle s'en remet à l'affection et à l'intérêt de ses parents: à eux de développer ses bons instincts, de corriger ses mauvais, à eux de l'élever. Ce sont eux qui peuvent le mieux l'aider, le mieux le protéger, et ainsi le mieux aider et le mieux protéger la Société.

S'il a un certain développement de la raison sans en avoir la plénitude, son action est plus qu'un malheur ; déjà elle est une faute morale et sociale. Alors la Société examine avec soin son état ; et tantôt, elle le rend à ses parents, tantôt elle ne s'en remet qu'à elle-même du soin de l'élever jusqu'à l'âge de raison.

S'il est dans un âge intermédiaire, ayant la conscience du bien et du mal, on rentre, sous quelques modifications de détail, dans les règles applicables à l'homme fait.

On voit que dans tous ces cas, sans exception, le principe et le but des mesures que prend la Société, est l'accomplissement des devoirs d'aide et de protection envers tous et chacun, y compris l'auteur du fait. Les mesures seules varient.

En serait-il autrement, quand la Société se

trouve en face d'un véritable criminel? Quel serait le motif de cette différence? La Société a les mêmes devoirs d'aide et de protection envers tous et chacun. Ne les a-t-elle pas aussi vis-à-vis du violateur? Elle doit le protéger contre toute vengeance, contre toute représailles; et en le faisant, elle se protège, car ce seraient de nouvelles violations de la loi morale. Sans doute cet homme est déchu moralement et socialement, mais il est toujours un homme; il a le plus pressant besoin d'être aidé pour se relever de sa déchéance par le repentir et arriver, s'il est possible, à l'expiation.

Seulement dans ce cas, les mesures, que la Société prendra, seront différentes. Elle lui infligera une peine; c'est l'acte même de la Justice criminelle.

D'où je conclus, etc...

La connaissance, que nous avons du principe et du but de la Justice criminelle va nous servir à déterminer les conditions auxquelles doivent satisfaire les peines.

La peine doit tout d'abord être un moyen d'aide et de protection pour la Société.

Elle doit aussi protéger et aider le violateur lui-même. Cette seconde condition est du reste un utile complément de la première.

Infligée pour des violations sociales, elle doit avoir un caractère social, général.

Enfin puisque le mal a été commis parce que l'homme, n'ayant pas fait usage de sa raison, a abusé de sa liberté et de la sociabilité et a ainsi porté atteinte au légitime exercice des facultés des autres, elle doit restreindre chez le violateur l'usage de la liberté et de la sociabilité et provoquer en lui l'usage de la raison.

De là résulte la nécessité qu'elle soit une mesure capable d'empêcher le malfaiteur de continuer ses méfaits et de les renouveler : elle ne peut donc être qu'une contrainte directe exercée vis-à-vis de lui, qui le mette en même temps à l'abri de toute vengeance et de toutes représailles de la part des autres hommes. Enfin elle doit lui ôter toute envie de recommencer plus tard ses actes criminels et d'en commettre d'autres qui troubleraient

la Société; de plus elle doit l'exciter au re-
_pentir.

De toutes les peines qu'on a employées,
celle qui remplit le mieux ces conditions,
est la séquestration, que j'appellerai emprisonnement 'sans me préoccuper de ses divers
modes d'application. L'emprisonnement est la
véritable peine sociale, la mesure essentielle
de la Justice criminelle. En privant le coupable de la liberté et des avantages de la sociabilité, il le met dans l'impossibilité de continuer à nuire. Puis par l'isolement dans lequel
il le place, il le provoque à faire un retour sur
lui-même et à user de sa raison. Enfin, un
autre effet de l'emprisonnement est de servir
d'avertissement et d'être une menace pour
ceux qui seraient tentés d'imiter le criminel.

Si la violation commise est plutôt de la part
de l'infracteur un mauvais usage de la sociabilité qu'un abus de sa liberté, et qu'elle s'attaque surtout à la sociabilité des autres en ne
portant qu'une faible atteinte à leur liberté,
la peine devra principalement restreindre
pour lui les avantages de la sociabilité et lui

laisser à peu près intact l'usage de sa liberté. L'amende est la peine qui remplit le mieux cette condition. En retirant au coupable partie des richesses qu'il s'est procurées légitimement et par son travail, elle lui cause une privation qui le fait réfléchir et diminue les profits et les agréments que lui donnent les relations de sociabilité avec les autres hommes, sans entraver beaucoup sa liberté. En outre elle est une sorte de réparation sociale du dommage social résultant de la violation; ce qui dans certains cas peut engager à l'employer cumulativement avec l'emprisonnnement.

Quoique générale par nature, elle est cependant une peine d'un caractère moins social que l'emprisonnement à cause même de sa qualité réparative. La réparation ne s'adresse et ne profite qu'à un certain nombre d'hommes.

Elle est exemplaire à un moindre degré.

Du reste il faut distinguer les amendes qui ont le caractère de peines, de celles qui ne sont que des réparations civiles. Ce même mot employé indifféremment dans le langage ordinaire produit une confusion.

L'amende qu'un tribunal prononce contre l'auteur d'une infraction sociale ou de police générale est une peine ; celle pour contravention aux lois d'enregistrement d'octroi, etc., est une réparation civile.

La première seule est du domaine de la Justice criminelle.

Toutes deux susceptibles de plus ou de moins, les peines de l'emprisonnement et de l'amende peuvent être facilement graduées et dès lors proportionnées à la gravité sociale de la faute. Elles doivent être appliquées de façon que le violateur trouve au point de vue grossier de son intérêt personnel, qu'il vaut mieux s'abstenir du mal que de le faire. Pour être exemplaires et rassurantes, elles doivent inspirer à chacun ce même sentiment. Aussitôt qu'il en est ainsi, elles suffisent socialement ; tout excédant de peine dépasserait le but et ne serait pas justifié. Mais ce n'est pas chose facile, ni pour le législateur, ni pour le juge de fixer la mesure de dispensation de ces peines par rapport à chaque violation et à chaque violateur. Cependant on peut donner quelques règles générales.

Ainsi l'amende, dont un des caractères est d'être une réparation sociale, doit atteindre le montant du dommage social, plutôt un peu le dépasser; elle doit encore dépasser le bénéfice que le violateur a pu retirer de la violation.

Quoique l'emprisonnement soit la peine sociale par excellence, l'amende devra lui être préférée toutes les fois qu'elle pourra suffire à protéger efficacement la Société. D'un autre côté, il peut arriver par diverses circonstances, qu'elle devienne une peine illusoire. Alors dans ces cas il est indispensable de lui substituer un emprisonnement de courte durée, ou d'en assurer le paiement par une contrainte par corps, ou de prononcer, sous option, les deux peines.

Quant à l'emprisonnement, sa durée doit être calculée de manière à produire, au point de vue moral et social, un effet salutaire sur le condamné et à lui ôter toute envie de troubler à l'avenir la Société. Tant que ce résultat n'est pas obtenu, l'emprisonnement devrait continuer; par contre, aussitôt qu'il est obtenu, il·

devrait cesser. Mais il est presque impossible de s'en rendre compte; en outre il y aurait les plus grands inconvénients à laisser ainsi arbitraire la durée de la peine.

La faveur ou la vengeance de ceux qui la feraient exécuter auraient trop beau jeu. On pourrait y échapper trop facilement par un repentir hypocrite. Elle paraîtrait moins certaine et dès lors elle serait moins exemplaire. Eh bien! ce qui fait surtout la sécurité de la Société, est la sûreté de la poursuite et la certitude de la peine.

C'est pourquoi la durée de l'emprisonnement doit être fixée d'une manière générale pour chaque genre de violation par le législateur, et pour chaque cas par le juge. Il doit en être de même pour la quotité de l'amende. Mais la durée et la quotité de ces peines ne peuvent être déterminées que par une appréciation intuitive de la raison et de la conscience.

Il est des crimes si graves et des criminels si pervers, qu'il n'est pas possible d'espérer que le remords soit jamais assez grand chez le condamné pour offrir une garantie suffisante à la Société. Alors l'emprisonnement doit être perpétuel. Le crime a été si épouvantable, le trouble si considérable, que la Société ne peut l'oublier; elle a besoin d'être protégée et rassurée pendant toute la vie du coupable; lui-même ne doit plus penser qu'à l'expiation.

Enfin, l'emprisonnement peut non-seulement varier dans sa durée, mais encore être accompagné de certaines sévérités, telles que le silence, l'isolement plus ou moins absolu, le travail plus ou moins pénible, etc., etc. Ces sévérités doivent toujours être un moyen d'amélioration morale du condamné.

On emploie encore contre les prisonniers indociles diverses corrections. Malheureusement trop souvent elles sont en opposition avec les prescriptions de la loi morale; alors elles vont contre le but de la peine, elles endurcissent le condamné dans des idées de révolte.

Outre l'emprisonnement et l'amende, on applique très-fréquemment d'autres peines.

Ce n'est pas ici le lieu de discuter les mérites et les vices de chacune d'elles. Je veux rester dans des généralités.

J'écarte tout d'abord ces peines ou plutôt ces pratiques qui en divers temps et en divers pays ont livré ou livrent le coupable aux moqueries, aux huées, aux outrages du peuple. Elles dégradent le condamné, en lui enlevant tout sentiment moral; et en même temps elles pervertissent les témoins et les acteurs de ce hideux spectacle : loin de protéger la Société, elles la troublent.

Je classerai toutes les autres peines sous deux grandes divisions :

Les peines corporelles;

Les privations de certains avantages.

Les peines de cette dernière division ne sont pas de leur nature des peines sociales; elles ne sont pas du domaine propre de la Justice criminelle. En général elles sont prononcées pour des violations particulières ou de groupes; quelquefois comme peines accessoires, pour des violations sociales. Leur caractère est d'être des mesures particulières ou de groupes.

On s'en sert utilement pour reprimer et

réparer certaines fraudes civiles. Alors appliquées par la Justice civile, elles sont là à leur place.

Leur vrai rôle est de servir de peines pour les violations de groupes, quelle que soit la juridiction qui les prononce. Un citoyen a commis des fraudes électorales; on lui retire la qualité d'électeur et d'éligible, on fait bien.

Lorsqu'elles sont infligées comme peines accessoires pour des violations sociales, elles atteignent et la qualité particulière et la qualité de groupe de la violation. Un père a excité à la débauche sa fille; père indigne, on le prive de certains avantages attachés à son titre de père; citoyen indigne, on lui ôte la qualité de citoyen.

Il importe de faire observer, comme précédemment pour la douleur physique, que les peines paraissent avoir certaines qualités et produire certains effets de punition. Toutefois qu'on ne s'y trompe pas, les peines infligées par les hommes ne peuvent par elles-mêmes être une rétribution du mal moral. Aussi il y a cela de remarquable, que leur caractère de punition s'accentue d'autant plus que la gravité morale de la faute diminue et que l'infraction intéresse plus spécialement les conventions particulières et passagères des hommes.

Quant aux peines corporelles, qui consistent en violences et en mutilations exercées sur la personne du condamné, telles que les verges, la bastonnade, les mutilations de la langue, du nez, etc., elles sont toutes des violations de la loi morale. Elles ont été inventées par la vengeance et par la peur.

Aujourd'hui, elles sont définitivement jugées; pour elles la discussion est close. Et dire qu'on s'est servi de la torture comme moyen d'instruction criminelle !

Seule la peine de mort fait exception : elle est toujours l'objet de vives discussions.

Tout a été à peu près dit au sujet de cette grande question, qui est devenue une sorte de lieu-commun. Aussi je n'ai pas envie de la traiter ici; j'en dirai peu de chose. D'ailleurs il est évident, par ce qui précède, que je n'en reconnais pas la légitimité.

Réduite à la privation la plus prompte et la

moins douloureuse de la vie, elle est toujours la mutilation complète de l'homme. Elle l'anéantit tout entier dans sa vie terrestre, avec toutes ses facultés. Or, il m'est impossible de concevoir comment la loi morale, qui condamne les mutilations partielles, pourrait légitimer celle qui les comprend toutes! Comment! on ne peut faire le moins et on pourrait faire le plus!

Du reste les partisans de la peine de mort s'inquiètent peu de sa légitimité. Ils ne parlent que de sa nécessité sociale; tous leurs arguments sont pris dans les idées de vengeance et d'intimidation. Ils ont peur.

Mais ce n'est pas la grandeur de la peine qui protège le mieux la Société; c'en est la certitude.

Le malfaiteur qui, avant son crime, porte sa pensée sur la peine, ne calcule que les chances d'y échapper.

Si le coupable d'un crime social grave était poursuivi par toute la terre; s'il ne trouvait nulle part un refuge contre la peine, tous les hommes seraient suffisamment aidés et protégés, sans qu'il y eut besoin de la peine de mort pour les rassurer.

Comment fonctionne la Société universelle?

Par quels agissements se manifeste-t-elle ?

Si on regarde le monde, on le voit divisé en une infinité de petits groupes, cités, nations ou autres, organisés chacun à sa manière : Administration, Justice civile, Justice criminelle, tout diffère. Ils agissent indépendamment les uns des autres. C'est pour cela qu'il est indispensable d'expliquer comment, au milieu de chaque groupe ou nation, se produit l'action de la Société, spécialement dans l'exercice de la Justice criminelle.

D'abord il importe d'éviter toute confusion entre la Société et ces groupes.

La Société est un fait divin, universel; elle ne résulte d'aucune convention; son origine procède de Dieu.

Les nations sont des faits humains, particuliers; elles résultent de contrats formels ou tacites.

Elles sont des individualités qui devraient

se mouvoir et se comporter dans la Société comme de simples individus. Au lieu de cela, elles ont la prétention d'être la Société; elles agissent, ou plutôt elles veulent et croient agir comme si elles l'étaient.

Ces grandes individualités sont soumises à des lois générales, qui, sous beaucoup de rapports, ressemblent à celles qui régissent et dirigent l'homme. Comme lui, elles ont des passions bonnes et mauvaises et peuvent commettre des violations de la loi morale; d'autant plus qu'elles sont représentées et agissent par un mécanisme d'hommes qu'on appelle l'Etat, et qui est soumis lui-même à l'empire des passions.

L'Etat a une personnalité particulière. Il peut être en conformité de sentiments avec la nation, ou bien être en désaccord avec elle.

Dans le premier cas, la tranquillité existe à l'intérieur; dans le second, il y a lutte entre l'Etat et la nation.

Dans les deux cas, toutefois, il la représente vis-à-vis des autres nations, envers qui il l'engage et la rend responsable.

A l'intérieur sourde ou éclatante la lutte se

traduit par le despotisme, l'anarchie et de mille autres manières, et même au moyen des formes externes d'une prétendue justice criminelle. Je me bornerai à citer les lois et les pénalités dites de salut public.

Lorsque les violations de la loi morale sont commises de nation à nation, le mal se traduit par des guerres, des envahissements, des conquêtes, etc... Le nom des violations a beau être changé, elles n'en sont ni moins graves, ni moins criminelles.

Les violations commises par l'Etat, la nation, etc., proviennent de la même cause que celles commises par l'homme. Comme lui, ces individualités doivent dans leur unité collective ou personnelle, faire un usage simultané de la raison, de la liberté, |de la sociabilité.

C'est parce qu'elles n'écoutent pas la raison, qu'elles usent si mal de leur liberté d'action et qu'elles mettent de côté toute sociabilité. Elles ne font que de l'individualisme.

L'individualisme est l'exagération de l'individu ou de l'individualité par suite de l'oubli de la sociabilité. Toujours il produit le mal. Cela doit être : il est la violation du principe même de la Société.

Le mal, qu'il soit une violation individuelle, particulière ou sociale, est toujours commis par un individu ou une individualité, jamais par la Société universelle.

Le bien est toujours tout-à-la-fois l'accomplissement d'un devoir individuel ou particulier et d'un devoir social.

Un homme secourt un de ses semblables, il ne remplit pas seulement un devoir individuel, mais aussi un devoir social. A lui tout seul il représente la Société universelle ; il agit pour elle. Jamais le devoir social n'est mieux rempli que lorsqu'il l'est par les individus.

De même les nations représentent la Société dont elles sont une portion, et agissent pour elle, lorsqu'elles aident et protègent les hommes par des institutions de toute sorte, par l'Administration, par la Justice civile, par la Justice criminelle. On pourrait dire qu'alors elles ont charge et mandat de devoirs sociaux.

D'autres fois elles accomplissent le devoir

social à la place des individus qui en étaient naturellement et spécialement chargés. Elles suppléent à leur insuffisance, à leur impuissance ou à leur mauvais vouloir. Ainsi lorsqu'elles recueillent l'enfant dont la mère répudie les devoirs de la maternité; lorsqu'elles soignent l'idiot délaissé par sa famille, etc.

Mais là les nations ne doivent agir qu'à défaut de tout individu. Si une femme étrangère prend cet enfant pour l'élever, si un homme par reconnaissance ou par pitié donne des soins à cet idiot, elles n'ont rien à faire : le devoir social est mieux rempli par ces individus que par elles.

Aussi qu'on y prenne garde! Il ne faut pas que, sous de faux prétextes, sans nécessité, l'Etat se substitue à ceux qui ont spécialement l'obligation du devoir, et veuille le remplir à leur place, ou trop les diriger. Ce serait la destruction et l'asservissement de la personnalité humaine.

Or tout ce qui porte atteinte à la famille, à l'union conjugale, à la personnalité de l'homme est contraire à la loi divine et cause le trouble dans la Société. Pourtant, que d'institutions, que de lois, que de peines, on pourrait citer: l'esclavage, qui ne reconnaît en l'esclave ni homme, ni époux, ni père; la mort civile, qui brise le mariage et les liens de famille; et ces peines, qui attentent à la dignité de l'homme, etc. !

L'individualisme et la fausse idée qu'elles sont indépendantes de la Société universelle, que du reste elles semblent ne pas connaître, ont produit chez les diverses nations, des effets très variés au point de vue de l'exercice de la Justice criminelle.

Dans ses formes elle a suivi toutes les transformations des groupes politiques et sociaux des hommes. Elle s'est modelée dessus.

Dans la société patriarcale, elle est exercée par le chef de famille, par le père·

Dans la tribu par le chef de la tribu, où directement par toute la tribu;

Dans la cité et les petites républiques, par des magistrats de la cité ou de la république; quelquefois directement par toute la cité, toute la république.

Dans la société féodale l'exercice en appartient au seigneur;

Sous la royauté au Roi. Ordinairement il l'exerce par des magistrats, nommés par lui, et il ne se réserve personnellement que le pou-voir d'adoucir leurs arrêts.

Enfin dans les temps modernes, chez les peuples libres, monarchies ou républiques, elle est exercée par des magistrats, nommés ou élus, agissant avec une entière indépendance dans les limites de la loi nationale. Pour les crimes graves, ils sont souvent assistés de citoyens ou jurés tout-à-fait irresponsables.

Un autre effet a été d'étendre au-delà de toutes bornes le domaine de la Justice criminelle, même d'en user sous des formes et d'en faire des applications qu'on ne saurait justifier. Il est très-important d'en montrer les conséquences.

Toutes les infractions aux lois politiques deviennent du ressort de la Justice criminelle; et par une extrême susceptibilité de l'Etat, leur nombre s'accroit hors de toute proportion; en même temps la pénalité atteint les dernières limites de la sévérité. On venge la loi nationale, on venge l'Etat. On entend parler de crimes de lèse-majesté, de lèse-nation, etc., etc.... Souvent cependant le seul crime du malheureux, qu'on poursuit et condamne, est d'avoir écouté les prescriptions de la loi morale, de les avoir préférées aux détestables commendements et aux mauvaises passions des gouvernants ou de la nation, et d'avoir ainsi légitimement résisté au mal. Je n'ai besoin de citer aucun exemple; je n'en trouverais que trop.

Il en est de même pour les infractions aux lois militaires, sanctionnées par les peines les plus graves. On doit comprendre par ce que j'ai dit plus haut, que, pour moi, les crimes et délits de cette nature ne sont, la plupart, que des infractions à des mesures édictées dans le but d'accomplir et de faire réussir des violations préméditées de la loi morale.

Au fond les nations portent à peu près le même jugement sur ces deux sortes de crimes et délits. Elles comprennent que ce sont des violations particulières. Aussi ont-elles établi pour eux des tribunaux spéciaux, des peines spéciales, des formalités spéciales et très-sommaires. Et ces tribunaux font d'autant plus de besogne que les fonctions de la Société sont plus complétement suspendues. On décrète à l'intérieur l'état de siège ; enfin dans l'état de guerre, on applique presque exclusivement une seule loi : la loi martiale.

Il faut reconnaître néanmoins que parmi ces violations, il en est qui sont d'une nature mixte, et qui ont en partie le caractère de violations sociales. Sous ce rapport elles sont du domaine de la Justice criminelle ; mais c'est l'aspect sous lequel on les considère le moins ; leur caractère particulier absorbe leur caractère social.

Les contraventions si innombrables aux lois fiscales sont aussi soumises à la juridiction criminelle, tandis que de leur nature elles sont du ressort de la Justice civile ;

Et encore certaines contraventions locales ou autres, qui ne devraient entraîner que des réparations civiles ;

De plus il faut y joindre des infractions à des lois spéciales ; enfin des infractions à des lois faites contre des étrangers à la nation. Que de critiques on pourrait faire de ces lois, au point de vue de la loi morale !

D'un autre côté les simples citoyens, sont peu protégés contre les violations commises envers eux par ceux, en qui se personnifie l'Etat, ou par leurs agents.

Il serait intéressant d'examiner les diverses lois, dites de police et de sûreté, afin de déterminer si les infractions à leurs prescriptions sont des violations sociales ou des violations particulières de groupes. Ici, quelques citations pour exemples suffiront.

Les lois relatives à la vente des poisons, au dépôt près des habitations de matières dangereuses ou insalubres, à l'éclairage des voitures voyageant la nuit, etc., etc., sont des lois de police générale. Leurs violations ont le caractère de violations sociales et relèvent de la justice criminelle.

Tandis que les lois qui réglementent le port des décorations, celles relatives à la tenue d'une foire, d'un marché, etc, etc., un grand nombre d'arrêtés locaux, sont des lois de police, nationale ou communale. Violations particulières de groupes, les infractions à leurs dispositions ne sont pas du domaine de la Justice criminelle. A tort on les y classe ; et toujours par suite de la même prétention.

Malgré tout, les nations sont obligées à chaque instant d'invoquer la Société universelle.

Elles parlent de principes du *droit des gens*, du *droit naturel*; elles divisent les violations en crimes et délits de *droit commun* et en crimes et délits de *droit particulier*, etc.; c'est autant de manières de la reconnaître et de la proclamer.

Enfin dans ces derniers temps , avec les facilités de locomotion, les nations ont compris qu'il n'y avait plus, pour elles, ni aide ni protection dans une mesure suffisante, si elles restaient aussi isolées que par le passé. Alors elles ont fait des traités d'extradition, à l'effet de se livrer réciproquement, sous certaines conditions, les coupables de violations sociales graves, commises sur leurs territoires respectifs.

La fierté nationale a guidé sûrement les nations dans les négociations et la rédaction de ces traités, et les a garanties contre toute confusion , presque d'erreurs. Sans doute ces traités peuvent être améliorés, mais ils ne méritent pas de critiques très-graves.

Des causes d'extradition ont été exclues avec soin, les crimes et les délits politiques, les crimes et les délits militaires, les crimes et les délits spéciaux.

Par ces traités, les nations ont rendu le plus grand hommage à cette Société universelle qu'elles ne veulent pas voir, et elles ont accompli merveilleusement les devoirs d'aide et de protection envers tous les hommes. Là elles ont fait acte de la Société.

Tout ne saurait en effet être fini quand un voleur ou un assassin a passé la frontière ! son crime n'atteint pas seulement les citoyens du pays où il a été commis, mais encore ceux du pays où il va, les hommes du monde entier.

Il n'en est pas de même des faits politiques, des faits militaires, qualifiés par la loi nationale crimes et délits.

On doit comprendre maintenant comment se manifeste la Société ; quels sont ses agissements et ses modes d'action dans le jeu des nations et des individus.

De même qu'elle embrasse tous les hommes existant, de même elle enveloppe toutes les nations. Chacune d'elles en fait partie, et ne peut pas ne pas en être. Quand les nations, dans leurs actes, l'oublient et cessent de la voir, elles deviennent insociables comme l'homme quand il ne pense plus aux autres hommes; elles font le mal.

Et la patrie? Qu'on ne craigne rien pour elle! Le lieu où l'homme est né, les institutions au milieu desquelles il a été élevé, les hommes avec lesquels il a grandi, tout cet ensemble, qu'on nomme la patrie, aura toujours pour chaque homme un charme indéfinissable.

Mais on ne peut pas, par amour de la patrie, pour sa grandeur ou sa prospérité, porter la désolation chez les autres nations, les troubler d'aucune façon, pas plus qu'on ne peut tuer et voler par amour paternel pour enrichir ses enfants.

On doit aimer sa patrie dans la Société, de

la même façon qu'un bon citoyen aime sa commune ou sa ville dans sa province, sa province dans la nation.

Ce qu'il faut c'est que les nations se placent et vivent dans la Société universelle et dans l'humanité. Pour cela il est indispensable que chaque nation, chaque citoyen s'absorbe moins dans l'Etat. L'homme doit, sans cependant s'individualiser, conserver sa personnalité, car il est responsable devant Dieu.

Il faut que le devoir et le droit reprennent leurs places respectives: le devoir à la première, le droit à la seconde. Que chacun parle moins de son droit et songe plus à son devoir.

Le seul moyen est d'user simultanément de ses facultés, de la raison, de la liberté, de la sociabilité, et de s'aider les uns les autres dans la Société universelle. Sans doute le mal ne disparaîtra pas, mais le monde y gagnera, et la Justice criminelle aura moins d'occasions d'agir.

Je n'ai voulu dans cette étude que recher-

cher le principe et le but de la Justice criminelle ; aussi, pour terminer, je me bornerai à
en préciser la définition.

La Justice criminelle est la fonction par
laquelle la Société universelle pratique les
devoirs d'aide et de protection envers tous et
chacun, en infligeant une peine à l'homme
coupable d'une violation d'un devoir social
exigible.

Alençon, — E. De Broise Janv. 1871.

www.ingramcontent.com/pod-product-compliance
Ingram Content Group UK Ltd.
Pitfield, Milton Keynes, MK11 3LW, UK
UKHW021647130726
13696UKWH00004B/1460